DIARIO DE SERMONES

"La ley del SEÑOR es perfecta, que restaura el alma; el testimonio del SEÑOR es seguro, que hace sabio al sencillo. Los preceptos del SEÑOR son rectos, que alegran el corazón; el mandamiento del SEÑOR es puro, que alumbra los ojos. El temor del SEÑOR es limpio, que permanece para siempre; los juicios del SEÑOR son verdaderos, todos ellos justos; deseables más que el oro; sí, más que mucho oro fino, más dulces que la miel y que el destilar del panal. Además, tu siervo es amonestado por ellos; en guardarlos hay gran recompensa."
(Salmo 19:7–11)

DIARIOS DE SERMONES

Soli Deo Gloria Publications

Escrituras tomadas de LA BIBLIA DE LAS AMERICAS® (LBLA)
Copyright © 1986, 1995, 1997 por The Lockman Foundation
Usado con permiso. www.LBLA.com

ISBN: 978-1-64255-262-1

Este diario le pertenece a:

_____

Teléfono: _____

Correo electrónico: _____

"Procura con diligencia presentarte a Dios aprobado, como obrero que no tiene de qué avergonzarse, que maneja con precisión la palabra de verdad." (2 Timoteo 2:15)

Fecha _____
Lugar _____
Predicador _____
Tema o Título _____
Versos Bíblicos _____

Notas

_____
_____
_____
_____
_____
_____
_____
_____
_____
_____
_____
_____
_____
_____
_____
_____
_____
_____
_____
_____
_____
_____
_____
_____
_____
_____
_____

Aplicación (¿Cómo se aplica esto a mi vida?)

"Procura con diligencia presentarte a Dios aprobado, como obrero que no tiene de qué avergonzarse, que maneja con precisión la palabra de verdad." (2 Timoteo 2:15)

FECHA _____

LUGAR _____

PREDICADOR _____

TEMA O TÍTULO _____

VERSOS BÍBLICOS _____

NOTAS

Aplicación (¿Cómo se aplica esto a mi vida?)

"Procura con diligencia presentarte a Dios aprobado, como obrero que no tiene de qué avergonzarse, que maneja con precisión la palabra de verdad." (2 Timoteo 2:15)

Fecha _____

Lugar _____

Predicador _____

Tema o Título _____

Versos Bíblicos _____

Notas

Aplicación (¿Cómo se aplica esto a mi vida?)

"Procura con diligencia presentarte a Dios aprobado, como obrero que no tiene de qué avergonzarse, que maneja con precisión la palabra de verdad." (2 Timoteo 2:15)

Fecha _____
Lugar _____
Predicador _____
Tema o Título _____
Versos Bíblicos _____

Notas

Aplicación (¿Cómo se aplica esto a mi vida?)

"Procura con diligencia presentarte a Dios aprobado, como obrero que no tiene de qué avergonzarse, que maneja con precisión la palabra de verdad." (2 Timoteo 2:15)

Fecha _____
Lugar _____
Predicador _____
Tema o Título _____
Versos Bíblicos _____

Notas

Aplicación (¿Cómo se aplica esto a mi vida?)

"Procura con diligencia presentarte a Dios aprobado, como obrero que no tiene de qué avergonzarse, que maneja con precisión la palabra de verdad." (2 Timoteo 2:15)

Fecha _____
Lugar _____
Predicador _____
Tema o Título _____
Versos Bíblicos _____

Notas

Aplicación (¿Cómo se aplica esto a mi vida?)

"Procura con diligencia presentarte a Dios aprobado, como obrero que no tiene de qué avergonzarse, que maneja con precisión la palabra de verdad." (2 Timoteo 2:15)

Fecha _____
Lugar _____
Predicador _____
Tema o Título _____
Versos Bíblicos _____

Notas

Aplicación (¿Cómo se aplica esto a mi vida?)

"Procura con diligencia presentarte a Dios aprobado, como obrero que no tiene de qué avergonzarse, que maneja con precisión la palabra de verdad." (2 Timoteo 2:15)

Fecha _____
Lugar _____
Predicador _____
Tema o Título _____
Versos Bíblicos _____

Notas

Aplicación (¿Cómo se aplica esto a mi vida?)

"Procura con diligencia presentarte a Dios aprobado, como obrero que no tiene de qué avergonzarse, que maneja con precisión la palabra de verdad." (2 Timoteo 2:15)

Fecha _____

Lugar _____

Predicador _____

Tema o Título _____

Versos Bíblicos _____

Notas

Aplicación (¿Cómo se aplica esto a mi vida?)

"Procura con diligencia presentarte a Dios aprobado, como obrero que no tiene de qué avergonzarse, que maneja con precisión la palabra de verdad." (2 Timoteo 2:15)

Fecha _____

Lugar _____

Predicador _____

Tema o Título _____

Versos Bíblicos _____

Notas

Aplicación (¿Cómo se aplica esto a mi vida?)

"Procura con diligencia presentarte a Dios aprobado, como obrero que no tiene de qué avergonzarse, que maneja con precisión la palabra de verdad." (2 Timoteo 2:15)

Fecha _____

Lugar _____

Predicador _____

Tema o Título _____

Versos Bíblicos _____

Notas

Aplicación (¿Cómo se aplica esto a mi vida?)

"Procura con diligencia presentarte a Dios aprobado, como obrero que no tiene de qué avergonzarse, que maneja con precisión la palabra de verdad." (2 Timoteo 2:15)

Fecha _____

Lugar _____

Predicador _____

Tema o Título _____

Versos Bíblicos _____

Notas

Aplicación (¿Cómo se aplica esto a mi vida?)

"Procura con diligencia presentarte a Dios aprobado, como obrero que no tiene de qué avergonzarse, que maneja con precisión la palabra de verdad." (2 Timoteo 2:15)

FECHA _____

LUGAR _____

PREDICADOR _____

TEMA O TÍTULO _____

VERSOS BÍBLICOS _____

NOTAS

Aplicación (¿Cómo se aplica esto a mi vida?)

"Procura con diligencia presentarte a Dios aprobado, como obrero que no tiene de qué avergonzarse, que maneja con precisión la palabra de verdad." (2 Timoteo 2:15)

Fecha _____

Lugar _____

Predicador _____

Tema o Título _____

Versos Bíblicos _____

Notas

Aplicación (¿Cómo se aplica esto a mi vida?)

"Procura con diligencia presentarte a Dios aprobado, como obrero que no tiene de qué avergonzarse, que maneja con precisión la palabra de verdad." (2 Timoteo 2:15)

Fecha _____
Lugar _____
Predicador _____
Tema o Título _____
Versos Bíblicos _____

Notas

Aplicación (¿Cómo se aplica esto a mi vida?)

"Procura con diligencia presentarte a Dios aprobado, como obrero que no tiene de qué avergonzarse, que maneja con precisión la palabra de verdad." (2 Timoteo 2:15)

Fecha _____
Lugar _____
Predicador _____
Tema o Título _____
Versos Bíblicos _____

Notas

Aplicación (¿Cómo se aplica esto a mi vida?)

"Procura con diligencia presentarte a Dios aprobado, como obrero que no tiene de qué avergonzarse, que maneja con precisión la palabra de verdad." (2 Timoteo 2:15)

Fecha _____
Lugar _____
Predicador _____
Tema o Título _____
Versos Bíblicos _____

Notas

Aplicación (¿Cómo se aplica esto a mi vida?)

"Procura con diligencia presentarte a Dios aprobado, como obrero que no tiene de qué avergonzarse, que maneja con precisión la palabra de verdad." (2 Timoteo 2:15)

Fecha _____

Lugar _____

Predicador _____

Tema o Título _____

Versos Bíblicos _____

Notas

APLICACIÓN (¿Cómo se aplica esto a mi vida?)

"Procura con diligencia presentarte a Dios aprobado, como obrero que no tiene de qué avergonzarse, que maneja con precisión la palabra de verdad." (2 Timoteo 2:15)

Fecha _____
Lugar _____
Predicador _____
Tema o Título _____
Versos Bíblicos _____

Notas

Aplicación (¿Cómo se aplica esto a mi vida?)

> "Procura con diligencia presentarte a Dios aprobado, como obrero que no tiene de qué avergonzarse, que maneja con precisión la palabra de verdad." (2 Timoteo 2:15)

Fecha _____

Lugar _____

Predicador _____

Tema o Título _____

Versos Bíblicos _____

Notas

Aplicación (¿Cómo se aplica esto a mi vida?)

"Procura con diligencia presentarte a Dios aprobado, como obrero que no tiene de qué avergonzarse, que maneja con precisión la palabra de verdad." (2 Timoteo 2:15)

Fecha _____

Lugar _____

Predicador _____

Tema o Título _____

Versos Bíblicos _____

Notas

Aplicación (¿Cómo se aplica esto a mi vida?)

"Procura con diligencia presentarte a Dios aprobado, como obrero que no tiene de qué avergonzarse, que maneja con precisión la palabra de verdad." (2 Timoteo 2:15)

Fecha _____

Lugar _____

Predicador _____

Tema o Título _____

Versos Bíblicos _____

Notas

Aplicación (¿Cómo se aplica esto a mi vida?)

"Procura con diligencia presentarte a Dios aprobado, como obrero que no tiene de qué avergonzarse, que maneja con precisión la palabra de verdad." (2 Timoteo 2:15)

FECHA _____

LUGAR _____

PREDICADOR _____

TEMA O TÍTULO _____

VERSOS BÍBLICOS _____

NOTAS

Aplicación (¿Cómo se aplica esto a mi vida?)

"Procura con diligencia presentarte a Dios aprobado, como obrero que no tiene de qué avergonzarse, que maneja con precisión la palabra de verdad." (2 Timoteo 2:15)

Fecha _____
Lugar _____
Predicador _____
Tema o Título _____
Versos Bíblicos _____

Notas

Aplicación (¿Cómo se aplica esto a mi vida?)

> "Procura con diligencia presentarte a Dios aprobado, como obrero que no tiene de qué avergonzarse, que maneja con precisión la palabra de verdad." (2 Timoteo 2:15)

Fecha _____

Lugar _____

Predicador _____

Tema o Título _____

Versos Bíblicos _____

Notas

Aplicación (¿Cómo se aplica esto a mi vida?)

"Procura con diligencia presentarte a Dios aprobado, como obrero que no tiene de qué avergonzarse, que maneja con precisión la palabra de verdad." (2 Timoteo 2:15)

Fecha _____

Lugar _____

Predicador _____

Tema o Título _____

Versos Bíblicos _____

Notas

Aplicación (¿Cómo se aplica esto a mi vida?)

"Procura con diligencia presentarte a Dios aprobado, como obrero que no tiene de qué avergonzarse, que maneja con precisión la palabra de verdad." (2 Timoteo 2:15)

Fecha _____

Lugar _____

Predicador _____

Tema o Título _____

Versos Bíblicos _____

Notas

Aplicación (¿Cómo se aplica esto a mi vida?)

"Procura con diligencia presentarte a Dios aprobado, como obrero que no tiene de qué avergonzarse, que maneja con precisión la palabra de verdad." (2 Timoteo 2:15)

Fecha _____
Lugar _____
Predicador _____
Tema o Título _____
Versos Bíblicos _____

Notas

Aplicación (¿Cómo se aplica esto a mi vida?)

"Procura con diligencia presentarte a Dios aprobado, como obrero que no tiene de qué avergonzarse, que maneja con precisión la palabra de verdad." (2 Timoteo 2:15)

Fecha _____
Lugar _____
Predicador _____
Tema o Título _____
Versos Bíblicos _____

Notas

Aplicación (¿Cómo se aplica esto a mi vida?)

"Procura con diligencia presentarte a Dios aprobado, como obrero que no tiene de qué avergonzarse, que maneja con precisión la palabra de verdad." (2 Timoteo 2:15)

Fecha _____
Lugar _____
Predicador _____
Tema o Título _____
Versos Bíblicos _____

Notas

APLICACIÓN (¿Cómo se aplica esto a mi vida?)

"Procura con diligencia presentarte a Dios aprobado, como obrero que no tiene de qué avergonzarse, que maneja con precisión la palabra de verdad." (2 Timoteo 2:15)

Fecha _____
Lugar _____
Predicador _____
Tema o Título _____
Versos Bíblicos _____

Notas

APLICACIÓN (¿CÓMO SE APLICA ESTO A MI VIDA?)

"Procura con diligencia presentarte a Dios aprobado, como obrero que no tiene de qué avergonzarse, que maneja con precisión la palabra de verdad." (2 Timoteo 2:15)

Fecha _____
Lugar _____
Predicador _____
Tema o Título _____
Versos Bíblicos _____

Notas

Aplicación (¿Cómo se aplica esto a mi vida?)

"Procura con diligencia presentarte a Dios aprobado, como obrero que no tiene de qué avergonzarse, que maneja con precisión la palabra de verdad." (2 Timoteo 2:15)

Fecha _____

Lugar _____

Predicador _____

Tema o Título _____

Versos Bíblicos _____

Notas

APLICACIÓN (¿Cómo se aplica esto a mi vida?)

"Procura con diligencia presentarte a Dios aprobado, como obrero que no tiene de qué avergonzarse, que maneja con precisión la palabra de verdad." (2 Timoteo 2:15)

Fecha _____
Lugar _____
Predicador _____
Tema o Título _____
Versos Bíblicos _____

Notas

Aplicación (¿Cómo se aplica esto a mi vida?)

"Procura con diligencia presentarte a Dios aprobado, como obrero que no tiene de qué avergonzarse, que maneja con precisión la palabra de verdad." (2 Timoteo 2:15)

Fecha _____

Lugar _____

Predicador _____

Tema o Título _____

Versos Bíblicos _____

Notas

_____
_____
_____
_____
_____
_____
_____
_____
_____
_____
_____
_____
_____
_____
_____
_____
_____
_____
_____
_____
_____
_____
_____
_____

Aplicación (¿Cómo se aplica esto a mi vida?)

> "Procura con diligencia presentarte a Dios aprobado, como obrero que no tiene de qué avergonzarse, que maneja con precisión la palabra de verdad." (2 Timoteo 2:15)

Fecha _____

Lugar _____

Predicador _____

Tema o Título _____

Versos Bíblicos _____

Notas

Aplicación (¿Cómo se aplica esto a mi vida?)

"Procura con diligencia presentarte a Dios aprobado, como obrero que no tiene de qué avergonzarse, que maneja con precisión la palabra de verdad." (2 Timoteo 2:15)

Fecha _____

Lugar _____

Predicador _____

Tema o Título _____

Versos Bíblicos _____

Notas

Aplicación (¿Cómo se aplica esto a mi vida?)

"Procura con diligencia presentarte a Dios aprobado, como obrero que no tiene de qué avergonzarse, que maneja con precisión la palabra de verdad." (2 Timoteo 2:15)

FECHA _____

LUGAR _____

PREDICADOR _____

TEMA O TÍTULO _____

VERSOS BÍBLICOS _____

NOTAS

Aplicación (¿Cómo se aplica esto a mi vida?)

"Procura con diligencia presentarte a Dios aprobado, como obrero que no tiene de qué avergonzarse, que maneja con precisión la palabra de verdad." (2 Timoteo 2:15)

FECHA _____

LUGAR _____

PREDICADOR _____

TEMA O TÍTULO _____

VERSOS BÍBLICOS _____

NOTAS

Aplicación (¿Cómo se aplica esto a mi vida?)

"Procura con diligencia presentarte a Dios aprobado, como obrero que no tiene de qué avergonzarse, que maneja con precisión la palabra de verdad." (2 Timoteo 2:15)

Fecha _____
Lugar _____
Predicador _____
Tema o Título _____
Versos Bíblicos _____

Notas

Aplicación (¿Cómo se aplica esto a mi vida?)

"Procura con diligencia presentarte a Dios aprobado, como obrero que no tiene de qué avergonzarse, que maneja con precisión la palabra de verdad." (2 Timoteo 2:15)

Fecha _____
Lugar _____
Predicador _____
Tema o Título _____
Versos Bíblicos _____

Notas

Aplicación (¿Cómo se aplica esto a mi vida?)

> "Procura con diligencia presentarte a Dios aprobado, como obrero que no tiene de qué avergonzarse, que maneja con precisión la palabra de verdad." (2 Timoteo 2:15)

Fecha _____

Lugar _____

Predicador _____

Tema o Título _____

Versos Bíblicos _____

Notas

APLICACIÓN (¿Cómo se aplica esto a mi vida?)

"Procura con diligencia presentarte a Dios aprobado, como obrero que no tiene de qué avergonzarse, que maneja con precisión la palabra de verdad." (2 Timoteo 2:15)

Fecha _____
Lugar _____
Predicador _____
Tema o Título _____
Versos Bíblicos _____

Notas

Aplicación (¿Cómo se aplica esto a mi vida?)

"Procura con diligencia presentarte a Dios aprobado, como obrero que no tiene de qué avergonzarse, que maneja con precisión la palabra de verdad." (2 Timoteo 2:15)

Fecha _____
Lugar _____
Predicador _____
Tema o Título _____
Versos Bíblicos _____

Notas

Aplicación (¿Cómo se aplica esto a mi vida?)

"Procura con diligencia presentarte a Dios aprobado, como obrero que no tiene de qué avergonzarse, que maneja con precisión la palabra de verdad." (2 Timoteo 2:15)

Fecha _____

Lugar _____

Predicador _____

Tema o Título _____

Versos Bíblicos _____

Notas

Aplicación (¿Cómo se aplica esto a mi vida?)

"Procura con diligencia presentarte a Dios aprobado, como obrero que no tiene de qué avergonzarse, que maneja con precisión la palabra de verdad." (2 Timoteo 2:15)

Fecha _____
Lugar _____
Predicador _____
Tema o Título _____
Versos Bíblicos _____

Notas

APLICACIÓN (¿Cómo se aplica esto a mi vida?)

"Procura con diligencia presentarte a Dios aprobado, como obrero que no tiene de qué avergonzarse, que maneja con precisión la palabra de verdad." (2 Timoteo 2:15)

Fecha _____
Lugar _____
Predicador _____
Tema o Título _____
Versos Bíblicos _____

Notas

_____
_____
_____
_____
_____
_____
_____
_____
_____
_____
_____
_____
_____
_____
_____
_____
_____
_____
_____
_____
_____
_____
_____
_____
_____
_____
_____
_____
_____

Aplicación (¿Cómo se aplica esto a mi vida?)

"Procura con diligencia presentarte a Dios aprobado, como obrero que no tiene de qué avergonzarse, que maneja con precisión la palabra de verdad." (2 Timoteo 2:15)

Fecha _____

Lugar _____

Predicador _____

Tema o Título _____

Versos Bíblicos _____

Notas

_____
_____
_____
_____
_____
_____
_____
_____
_____
_____
_____
_____
_____
_____
_____
_____
_____
_____
_____
_____
_____
_____

Aplicación (¿Cómo se aplica esto a mi vida?)

"Procura con diligencia presentarte a Dios aprobado, como obrero que no tiene de qué avergonzarse, que maneja con precisión la palabra de verdad." (2 Timoteo 2:15)

Fecha _____

Lugar _____

Predicador _____

Tema o Título _____

Versos Bíblicos _____

Notas

Aplicación (¿Cómo se aplica esto a mi vida?)

"Procura con diligencia presentarte a Dios aprobado, como obrero que no tiene de qué avergonzarse, que maneja con precisión la palabra de verdad." (2 Timoteo 2:15)

Fecha _____

Lugar _____

Predicador _____

Tema o Título _____

Versos Bíblicos _____

Notas

Aplicación (¿Cómo se aplica esto a mi vida?)

"Procura con diligencia presentarte a Dios aprobado, como obrero que no tiene de qué avergonzarse, que maneja con precisión la palabra de verdad." (2 Timoteo 2:15)

Fecha _____
Lugar _____
Predicador _____
Tema o Título _____
Versos Bíblicos _____

Notas

APLICACIÓN (¿Cómo se aplica esto a mi vida?)

"Procura con diligencia presentarte a Dios aprobado, como obrero que no tiene de qué avergonzarse, que maneja con precisión la palabra de verdad." (2 Timoteo 2:15)

Fecha _____
Lugar _____
Predicador _____
Tema o Título _____
Versos Bíblicos _____

Notas

Aplicación (¿Cómo se aplica esto a mi vida?)

www.ingramcontent.com/pod-product-compliance
Lightning Source LLC
Chambersburg PA
CBHW060500080526
44584CB00015B/1492